TRAUNER VERLAG

BILDUNG

Bildung, die begeistert!

ERGÄNZUNGEN UND KORREKTUREN

ERICH ROCHEL ■ BRANIMIR BREZOVICH

Schulrecht kurz gefasst

Studien- und Arbeitsbuch
9. neu bearbeitete Auflage 2014

Trauner Verlag 2017

Aktuelle Änderungen

Aufgrund zwischenzeitlicher Änderungen von Rechtsvorschriften (Stand der Rechtslage 1. September 2017 unter Berücksichtigung des Bildungsreformgesetzes 2017) sind in der 9. Auflage folgende Änderungen bzw. Ergänzungen zu beachten:

Auf Seite 6 lautet bei Anmerkung 4 der Klammerausdruck:
(derzeit Bundesministerin für Bildung)

Auf Seite 9 lautet Anmerkung 3 nach dem Beistrich:
i. d. F. BGBl. I Nr. 56/2016. Das Bundes-Schulaufsichtsgesetz tritt mit Ablauf des 31. Dezember 2018 außer Kraft. Danach tritt das Bundesgesetz über die Einrichtung von Bildungsdirektionen in den Ländern an seine Stelle (Bildungsreformgesetz 2017).

Auf Seite 16 lautet die Anmerkung 5:
Weitere Aufgaben des BIFIE sind die Unterstützung der Qualitätsentwicklung im Schulsystem sowie die Erstattung eines nationalen Bildungsberichts an die Bundesministerin für Bildung und den Nationalrat im Abstand von drei Jahren.

Auf Seite 18 lautet Anmerkung 1 nach dem Beistrich:
zuletzt geändert durch das Bildungsreformgesetz 2017.

Auf Seite 18 lautet der erste Satz zu Punkt 2.1:
Das Schulorganisationsgesetz gilt für die allgemeinbildenden und berufsbildenden Pflichtschulen, mittleren und höheren Schulen.

Auf Seite 18 lautet die Anmerkung 4:
Die früheren höheren Lehranstalten der Lehrer- und Erzieherbildung sind nunmehr BHS und werden als Bildungsanstalten für Elementarpädagogik und Bildungsanstalten für Sozialpädagogik bezeichnet.

Auf Seite 21 lautet die neue Anmerkung zu 2.6 erster Satz:
An berufsbildenden Schulen können für einzelne Schulstandorte Übergangslehrpläne zur Entwicklung neuer Lehrplaninhalte sowie zur Verbesserung methodischer und didaktischer Arbeitsformen erlassen werden. Diese sind zeitlich zu befristen.

Auf Seite 22 lautet der 2. Absatz:
Die zuständige Schulbehörde hat schulautonome Lehrplanbestimmungen im erforderlichen Ausmaß aufzuheben, sofern sie nicht der Ermächtigung entsprechen oder die über die einzelne Schule hinausgehenden Interessen der Schüler und Erziehungsberechtigten nicht ausreichend berücksichtigt wurden. Wenn zusätzliche personelle oder ausstattungsmäßige Ressourcen erforderlich sind, bedürfen sie der Genehmigung der zuständigen Schulbehörde.

Auf Seite 23 lautet die Anmerkung 3:
Hierzu zählen auch die Sprachstartgruppen und Sprachförderkurse gemäß § 8e SchOG für Schüler von allgemeinbildenden Pflichtschulen sowie von mittleren und höheren Schulen, die wegen mangelnder Kenntnis der Unterrichtssprache nur zum außerordentlichen Schulbesuch aufgenommen werden konnten (dzt. befristet bis einschließlich 2018/19).

Auf Seite 36 lautet der Klammerausdruck zu „Fachschulen für wirtschaftliche Berufe":
(diese sind die einjährige, zweijährige und die dreijährige Fachschule für wirtschaftliche Berufe)

Auf Seite 36 entfällt die Anmerkung 3.

Auf Seite 38 lautet der erste Satz ab dem zweiten Halbsatz:
eine **höhere allgemeine und fachliche Bildung** zu vermitteln, die zur Ausübung eines **gehobenen Berufes** auf technischem, gewerblichem, kunstgewerblichem, kaufmännischem, hauswirtschaftlichem und sonstigem wirtschaftlichem oder elementar- und sozialpädagogischem Gebiet befähigt; zugleich haben sie zur **Universitätsreife**[1] zu führen.

Auf Seite 38 ist bei der Aufzählung der Arten der berufsbildenden höheren Schulen zu ergänzen:
Bildungsanstalten für Elementarpädagogik
Bildungsanstalten für Sozialpädagogik

Auf Seite 39 entfallen in Kapitel 3.3. die Überschrift „Anstalten der Lehrer- und Erzieherbildung" sowie der erste Satz.

---

1 Zur Studienberechtigung siehe S. 31, Fußnote 4

Seite 40 gilt mit den im Folgenden angeführten Änderungen von Bezeichnungen weiterhin:
Bildungsanstalten für Elementarpädagogik – früher Kindergartenpädagogik
Praxiskindergarten – früher Übungskindergarten
Praxishort – früher Übungshort
Inklusive Elementarpädagogik – früher Sonderkindergartenpädagogik
Erzieher für Inklusive Sozialpädagogik – früher Sondererzieher

Auf Seite 47 lautet bei Punkt 2 zu „1. September" die neue Anmerkung 2:
Wenn die Geburt eines Kindes vor dem gemäß dem Mutter-Kind-Pass als Tag der Geburt festgestellten Tag erfolgte, dann tritt auf Wunsch der Erziehungsberechtigten dieser Tag an die Stelle des Tags der Geburt. Dieser Wunsch ist im Zuge der Schülereinschreibung vorzubringen.

Auf Seite 48 ist das Wort „Bezirksschulrat" durch „Landesschulrat" zu ersetzen.

Auf Seite 48 lautet Anmerkung 1 letzter Satz:
Zum Übertritt von diesen Schulen in Schularten mit gesetzlich geregelter Schulartbezeichnung siehe den Erlass des BMB vom 30. 5. 2017, RS Nr. 16/2017.

Auf Seite 49 ist nach dem ersten Satz zu ergänzen:
Das Kind ist dabei persönlich vorzustellen. Vorhandene Unterlagen, Erhebungen und Fördererergebnisse, die während der Zeit des Kindergartenbesuchs zur Dokumentation des Entwicklungs- und Sprachstands erstellt, durchgeführt bzw. erhoben wurden, sind vorzulegen.

Auf Seite 49 ist im ersten Absatz die Wortfolge „fünf Monate" durch „vier Monate" zu ersetzen.

Auf Seite 50 ist im 4. Absatz das Wort „Bezirksschulrat" durch „Landesschulrat" zu ersetzen.

Auf Seite 51 ist im ersten Absatz nach „Neuen Mittelschule" ein Beistrich zu setzen und folgt:
„Unterstufe der AHS oder einjährigen Fachschule für wirtschaftliche Berufe".

Auf Seite 53 entfällt die Anmerkung 1.

Auf Seite 53 wird zu Punkt 2.7 der zweite Absatz um folgenden Satz ergänzt:
Unter denselben Bedingungen sind Schüler, die eine im ersten Satz genannte Schule im 9. Jahr ihrer allgemeinen Schulpflicht als außerordentliche Schüler beendet haben, berechtigt, eine der genannten Schulen als ordentlicher oder außerordentlicher Schüler zu besuchen.

Auf Seite 55 ist zu Anmerkung 1 zu ergänzen:
BGBl. I Nr. 38/2015, 67/2015, 104/2015 und 56/2016 und Bildungsreformgesetz 2017.

Auf Seite 55 lautet zu Anmerkung 3 der Klammerausdruck:
(z. B. Bundesgesetz über Schulen zur Ausbildung von Bewegungserziehern und Sportlehrern (Bundessportakademiengesetz), Landesgesetze betreffend land- und forstwirtschaftliche Fachschulen)

Auf Seite 58 entfällt im vorletzten Absatz die Wortfolge „erster Instanz" und lautet Anmerkung 4:
Hiefür kann auch der Schulleiter unter Bedachtnahme auf die Aufgaben der betreffenden Schule („Schulprofil") sowie auf allfällige Schulkooperationen nähere Bestimmungen (schulautonome Reihungskriterien) erlassen.

Auf Seite 58 lautet der letzte Halbsatz von Anmerkung 1:
sie haben – außer während des Besuchs einer Sprachstartgruppe – alle Pflichtgegenstände zu besuchen.

Auf Seite 59 entfällt die Anmerkung 2.

Auf Seite 60 lautet der zweite Satz des zweiten Absatzes:
Ebenso hat er aus pädagogischen, didaktischen oder anderen wichtigen Gründen eine vorübergehende Änderung des Stundenplanes (Stundentausch, Stundenblockung, Supplierung u.a.) anzuordnen, wobei die Schüler rechtzeitig in Kenntnis zu setzen sind.

Auf Seite 62 lautet im ersten Absatz der letzte Satz:
Vgl. aber auch den Förderunterricht für außerordentliche Schüler von allgemeinbildenden Pflichtschulen sowie von mittleren und höheren Schulen gemäß § 8e SchOG (siehe S. 23 Fußnote 3).

Auf Seite 64 lautet der erste Halbsatz zu Punkt 4.7 Individuelle Berufs(bildungs)orientierung:
Diese ist in allgemeinbildenden und berufsbildenden mittleren und höheren Schulen ab der 8. Schulstufe vorgesehen und ...

Auf Seite 68 ist zu Anmerkung 4 zu ergänzen:
BGBl. II Nr. 153/2015.

Auf Seite 72 ist zum Punkt „Schularbeiten" zum Satz „Hiebei darf (ausgenommen an ganzjährigen Berufsschulen) an einem auf drei aufeinanderfolgende schulfreie Tage, auf eine mehrtägige Schulveranstaltung oder mehrtägige schulbezogene Veranstaltung unmittelbar folgenden Schultag keine Schularbeit angesetzt werden." folgende Fußnote zu ergänzen:
Aus besonderen Gründen kann der Schulleiter einem davon abweichenden Termin zustimmen.

Auf Seite 76 lautet Anmerkung 2:
In der ersten bis dritten Schulstufe der Volks- und Sonderschule kann das Schulforum innerhalb der ersten neun Wochen des Schuljahres beschließen, dass an Stelle der üblichen Leistungs- und Jahresbeurteilung am Ende jedes Semesters bzw. Schuljahres eine schriftliche Semester- bzw. Jahresinformation über die Lern- und Entwicklungssituation erfolgt. Wenn die Entscheidung vom Schulforum nicht getroffen werden kann, geht die Zuständigkeit auf den Schulleiter über. Der Semester- bzw. Jahresinformation soll ein Bewertungsgespräch mit dem Klassenlehrer vorangehen, zu dem die Erziehungsberechtigten und die Schüler einzuladen sind. Dabei sind gemessen an den Lernzielen Leistungsstärken, Begabungen und allfällige Mängel hervorzuheben und zu dokumentieren sowie die Persönlichkeitsentwicklung und das Verhalten in der Gemeinschaft zu erörtern. Bewertungsgespräche können auch an Elternsprechtagen stattfinden (§ 18a SchUG).

Auf Seite 82 entfällt im dritten Absatz die Wortfolge „ohne eigenes Verschulden" und lautet die Anmerkung 6:
Bei Nichtablegen der Prüfung bleibt der Schüler in dem betreffenden Gegenstand unbeurteilt.

Auf Seite 83 lautet zum zweiten Absatz der erste Satz:
Besondere Bestimmungen für Volksschulen und Sonderschulen: In der Vorschulstufe findet eine Leistungsbeurteilung nicht statt, für die erste Stufe der Volksschule und der Sonderschule sowie für die erste bis dritte Stufe der Volksschule und der Sonderschule, wenn eine Information über die Lern- und Entwicklungssituation erfolgt, sind Feststellungs- und Nachtragsprüfungen sowie die obgenannte Beurteilungskonferenz nicht vorgesehen.

Auf Seite 84 ist nach dem letzten Absatz zu ergänzen:
Die Uhrzeit des Beginns der einzelnen Teilprüfungen ist dem Schüler spätestens zwei Tage vorher nachweislich bekanntzugeben.

Auf Seite 85 lautet zu Punkt 6 der erste Unterabsatz:
Ab der vierten Schulstufe Ausstellung einer Schulnachricht (unzutreffend des Öfteren als „Semesterzeugnis" bezeichnet) am Ende des ersten Semesters jedes Unterrichtsjahres.

Auf Seite 88 lautet die Anmerkung 7:
Schulpflichtigen außerordentlichen Schülern ist am Ende jedes Unterrichtsjahres eine solche Bestätigung (unter Angabe der Leistungsbeurteilung bzw. im Fall einer diesbezüglichen Festlegung in der ersten bis dritten Schulstufe der Information über die Lern- und Entwicklungssituation) jedenfalls auszustellen.

Auf Seite 89 lautet der erste Satz von Anmerkung 1:
Schüler der ersten, zweiten und dritten Schulstufe sind ohne Rücksicht auf die Beurteilung im Jahreszeugnis zum Aufsteigen berechtigt.

Auf Seite 91 entfällt in Anmerkung 5 die Wortfolge:
„sowie einer höheren Lehranstalt der Lehrer- und Erzieherbildung"

Auf Seite 101 entfällt im letzten Absatz die Wortfolge:
„und an den höheren Lehranstalten der Lehrer- und Erzieherbildung" sowie die Anmerkung 6

Auf Seite 104 wird im zweiten Absatz die Wendung „Zwischen dem Ende der Klausurprüfung" **durch die Wendung** „Zwischen der letzten Klausurarbeit" **ersetzt.**

Auf Seite 106 entfällt im vierten Absatz die Wortfolge:
„den Bildungsanstalten für Kindergartenpädagogik und den Bildungsanstalten für Sozialpädagogik“

Auf Seite 109 wird in Anmerkung 1 der zweite Satz um folgenden Halbsatz ergänzt:
..., wobei der Klassen- bzw. Jahrgangsvorstand und der Beisitzer ausgenommen sind.

Auf Seite 116 folgt im dritten Absatz auf „erforderlichenfalls“ folgender Klammerausdruck:
(ausgenommen Lehrbeauftragte)

Auf den Seiten 120 und 121 folgt zu den Punkten 14.2, 14.3. und 14.4. jeweils auf „Lehrer“ folgender Klammerausdruck:
(ausgenommen Lehrbeauftragte)

Auf Seite 122 und 123 ist in Punkt 14.6 jeweils der Ausdruck „Bildungsanstalten für Kindergartenpädagogik“ zu ersetzen durch:
Bildungsanstalten für Elementarpädagogik.

sowie folgende neue Bezeichnungen zu berücksichtigen:
Praxiskindergarten – früher Übungskindergarten
Praxishort – früher Übungshort
Praxisheim – früher Übungsheim

Auf Seite 132 ist in Anmerkung 2 die Wendung „im § 77 SchUG“ zu ersetzen durch:
in den §§ 77 und 77a SchUG

Auf Seite 137 folgt zu Punkt 15.3.2.2 auf „Lehrer“ folgender Klammerausdruck:
(ausgenommen Lehrbeauftragte)

Auf Seite 137 ist in Anmerkung 4 die Wendung „nur für die 1. und 2. Schulstufe“ zu ersetzen durch:
nur für die 1. – 3. Schulstufe

Auf Seite 148 entfällt im 4. Absatz die Wendung:
„für Personen mit ordentlichem Wohnsitz im Inland und für österreichische Staatsbürger mit Wohnsitz im Ausland".

Auf Seite 149 ist im 2. Absatz die Wendung „in § 77 SchUG" zu ersetzen durch: „in den §§ 77 und 77a SchUG" **und ist der Absatz „Schülerstammblätter" zu streichen.**

Auf Seite 150 wird im ersten Satz die Wendung „BGBl. I Nr. 48/2014" ersetzt durch: „BGBl. I Nr. 104/2015".

Auf Seite 160 ist in Anmerkung 1 die Wendung „Islamische Alevitische Glaubensgemeinschaft in Österreich" zu ersetzen durch:
Alevitische Glaubensgemeinschaft in Österreich.

Auf Seite 165 lautet zu Punkt 5 der letzte Satz:
Ebenso ist das Vorhandensein der erforderlichen Lehr- und Unterrichtsmittel sowie der sonstigen Ausstattungen und Einrichtungen nachzuweisen.

Auf Seite 169 ist in Anmerkung 1 zu ergänzen:
Wesentliche Gesichtspunkte des „Neuen Dienstrechts" sind:

- Für alle Lehrkräfte besteht eine einheitliche Grundgehaltskurve.
- Anhebung des Einstiegsgehalts
- Drehung der Lebenseinkommenskurve: Die 7 Gehaltsstufen (statt Gehaltssprünge alle zwei Jahre) sehen einen rascheren Einkommensanstieg in den ersten 15 Berufsjahren vor.
- Für Quereinsteiger Anrechnung von bis zu 12 Jahren einschlägiger Vordienstzeiten
- Unterrichtsverpflichtung 24 Wochenstunden minus zwei Wochenstunden für Eltern-Schüler- und Schülerberatungsstunden und/oder Klassenvorstand, Mentor u. ä., somit Unterrichtsverpflichtung 22 Wochenstunden (20 Wochenstunden bei besonders vor- und nachbereitungsintensiven Fächern in der Sekundarstufe II).
- Zulagen für arbeitsintensive Fächer in der Sekundarstufe I und II.
- Gleichwertigkeit aller geleisteter Stunden
- Begleitung des Berufseinstiegs durch erfahrene Mentoren.
- Dienstvertrag ab dem ersten Berufsjahr: Das Unterrichtspraktikum wird durch einen Berufseinstieg im Rahmen eines Dienstverhältnisses ersetzt.

Auf Seite 206 ist im ersten Absatz zu ergänzen:
Durch Verordnung des Schulleiters kann nach Anhörung des Schulgemeinschaftsausschusses einmalig festgelegt werden, dass die Bestimmungen betreffend die Neue Oberstufe hinsichtlich der 10. Schulstufe erst mit 1. September 2018 oder 2019 aufsteigend in Kraft treten, wenn dies in Hinblick auf die erforderlichen pädagogischen und organisatorischen Vorbereitungsmaßnahmen dringend geboten erscheint. Die Verordnung ist vom Schulleiter bis spätestens 1. Dezember 2016 an der Schule kundzumachen.

Bleiben Sie immer auf dem Laufenden und schalten Sie mit Ihrem Lizenz-Key das Begleitpaket frei:

IHR LIZENZ-KEY

r327bnkqgf

Änderungen, Aktualisierungen etc. das Schulrecht betreffend, finden Sie künftig kompakt zusammengefasst im **TRAUNER Kompetenzportal** (www.trauner-kompetenzportal.at)